Impressum
Verlag: BABADADA GmbH, Nedderfeld 112 , 22529 Hamburg
Geschäftsführer / Verlagsleitung: Harald Hof
Druck: Books on Demand GmbH, In de Tarpen 42, 22848 Norderstedt

Imprint
Publisher: BABADADA GmbH, Nedderfeld 112 , 22529 Hamburg, Germany
Managing Director / Publishing direction: Harald Hof
Print: Books on Demand GmbH, In de Tarpen 42, 22848 Norderstedt

makaranta
koulu

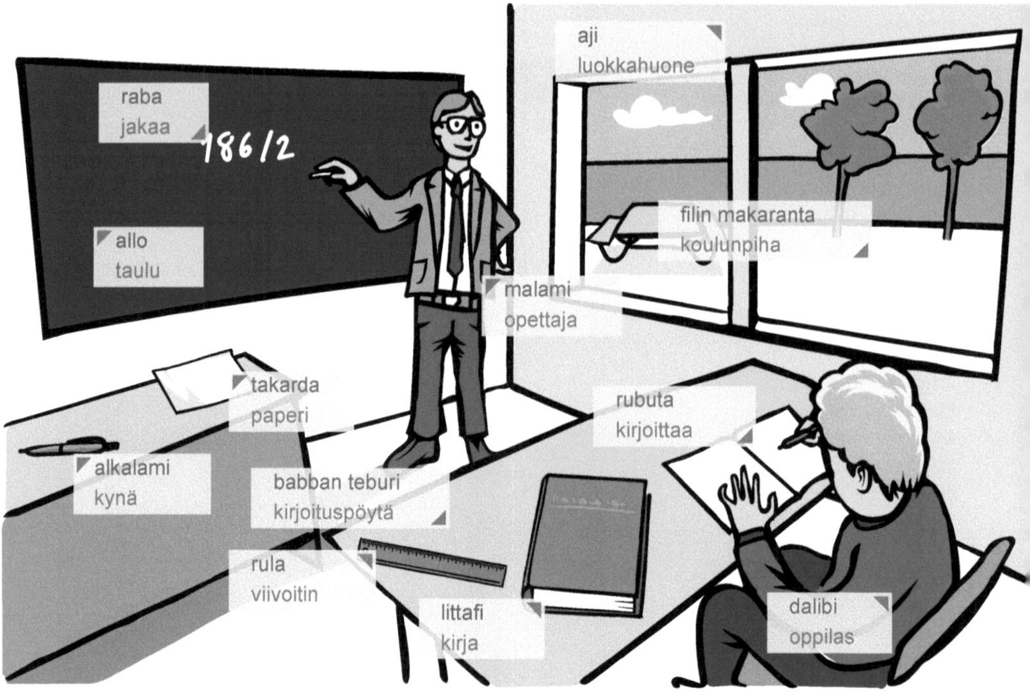

aji
luokkahuone
raba
jakaa
186/2
allo
taulu
filin makaranta
koulunpiha
malami
opettaja
takarda
paperi
rubuta
kirjoittaa
alkalami
kynä
babban teburi
kirjoituspöytä
rula
viivoitin
littafi
kirja
dalibi
oppilas

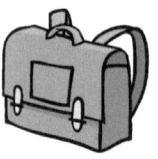

jakar makaranta
reppu

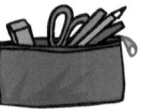

gidan fensir
penaali

fensir
lyijykynä

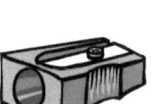

abin fike fensir
kynänteroitin

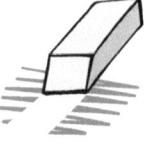

kilina
pyyhekumi

kwalin zane
piirustuslehtiö

zane

piirustus

burushin fenti

pensseli

gwangwanin fenti

vesivärit

almakashi

sakset

gam

liima

littafi aiki

harjoituskirja

aikin gida

kotitehtävä

lamba

luku

2+2

kara

lisätä

5-2

debe

vähentää

yi sau

kertoa

kwakuleta

laskea

A

wasika

kirjain

ABCDEFG
HIJKLMN
OPQRSTU
VWXYZ

harafi

aakkoset

kalma

sana

rubutu

teksti

karanta

lukea

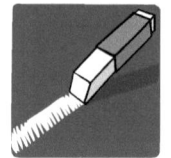

alli

liitu

darasi

oppitunti

rijista

opettajan muistikirja

jarabawa

koe

satifiket

todistus

kayan makaranta

koulupuku

ilimi

koulutus

kundin ilimi

sanakirja

jami'a

yliopisto

madubin kimiyya

mikroskooppi

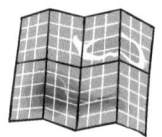

taswira

kartta

kwandon shara

roskakori

bulaguro
matka

otal
hotelli
Grand
dakunan dalibai
retkeilymaja
ROOMS
EXCHANGE
gidan canjin kudi
rahanvaihto
karamin akwati
matkalaukku
karamar mota
auto

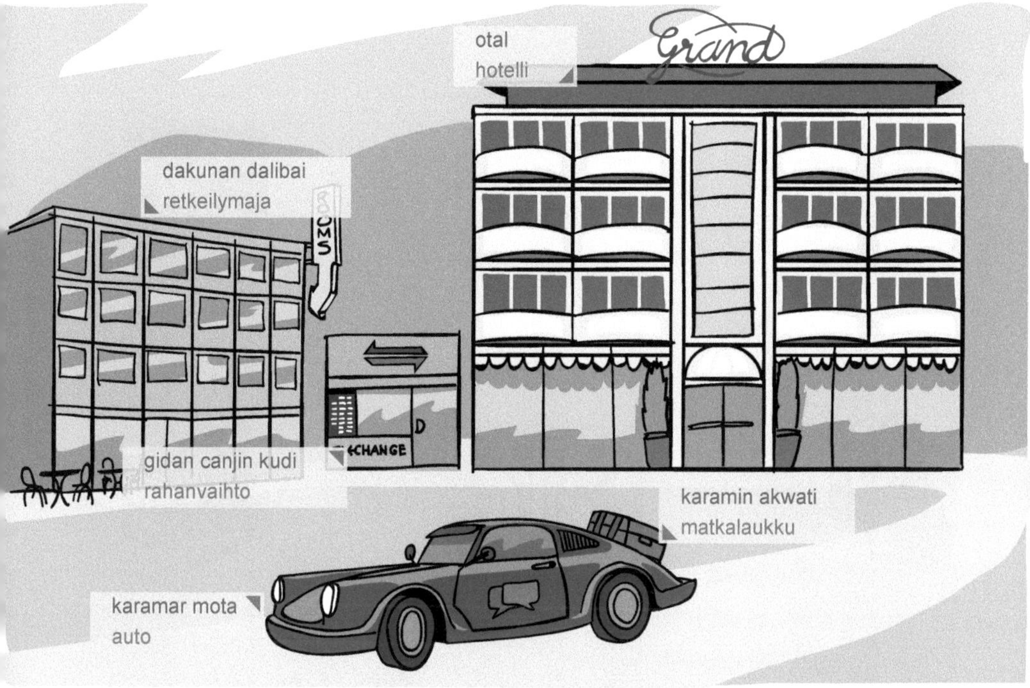

yare
kieli

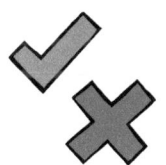

e/a'a
kyllä / ei

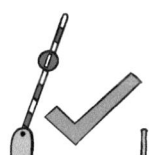

Ya yi
selvä

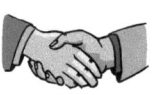

barka dai
hei

mai fassara
tulkki

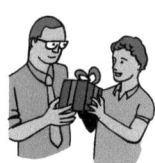

Na gode
kiitos

nawa ne...?

Paljonko...maksaa?

ban gane ba

en ymmärrä

matsala

ongelma

Barka da yamma!

Hyvää iltaa!

Ina kwana!

Hyvää huomenta!

barka da dare!

Hyvää yötä!

sai an jima

näkemiin

alkibla

suunta

kaya

matkatavarat

jaka

laukku

jakar goyawa

reppu

bako

vieras

daki

huone

jakar barci

makuupussi

tanti

teltta

bayanin dan yawon bude-ido
turisti-info

bakin ruwa
ranta

katin banki
luottokortti

karin kumallo
aamupala

abincin rana
lounas

abincin dare
päivällinen

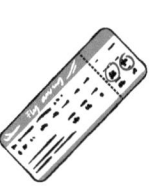

tikiti
matkalippu

daga
hissi

hatimi
postimerkki

iyaka
raja

kudin fiton kaya
tulli

ofishin jakadanci
suurlähetystö

biza
viisumi

fasfo
passi

abin hawa

kuljetus

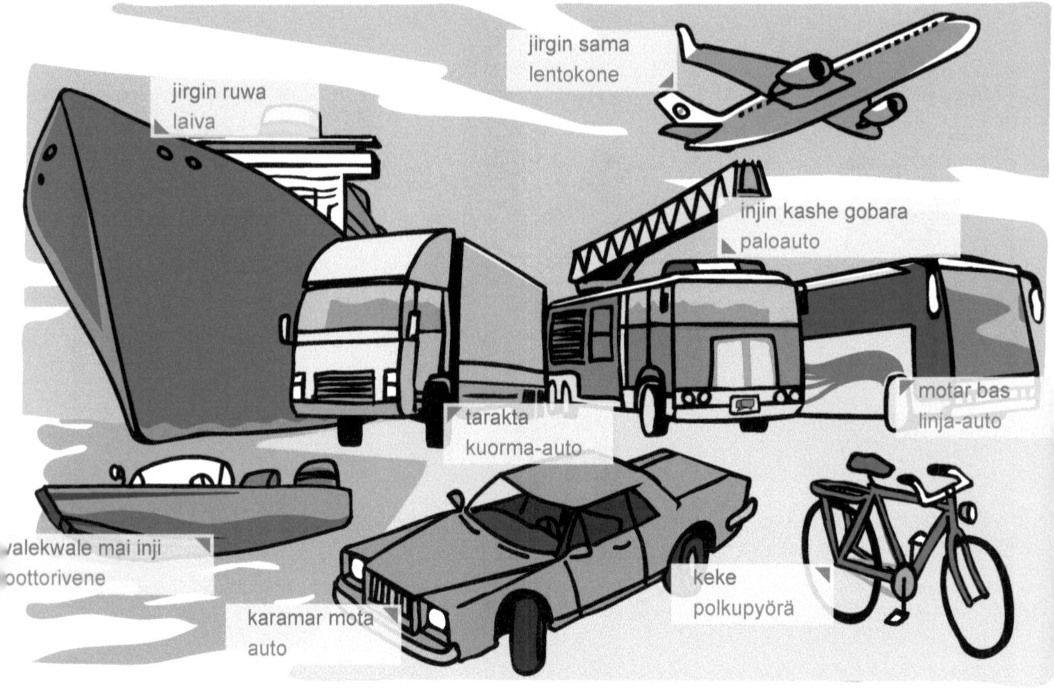
jirgin sama
lentokone
jirgin ruwa
laiva
injin kashe gobara
paloauto
motar bas
linja-auto
tarakta
kuorma-auto
alekwale mai inji
ottorivene
karamar mota
auto
keke
polkupyörä

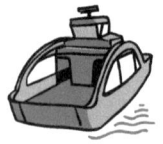

karamin jirgin ruwa

lautta

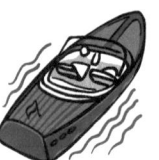

kwalekwale

vene

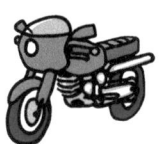

babur

moottoripyörä

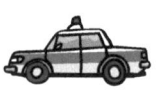

motar 'yansanda

poliisiauto

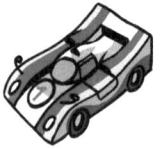

motar tsere

kilpa-auto

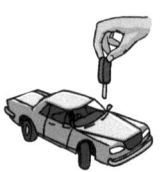

motar haya

vuokra-auto

tarayyar karamar mota

car sharing

babbar mota da ta lalace

hinausauto

motar shara

roska-auto

mota

moottori

mai

polttoaine

gidan mai

huoltoasema

alamar titi

liikennemerkki

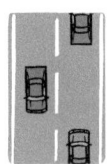

zirga-zirga

liikenne

cunkoson ababen hawa

ruuhka

wurin ajiye mota

parkkipaikka

tashar jirgin kasa

rautatieasema

filin tsere

raiteet

jirgin kasa

juna

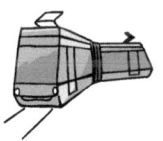

jirgin kasa mai kyabil

raitiovaunu

keken doki

vaunu

helikwafta

helikopteri

filin jirgin sama

lentokenttä

hasumiya

lähilennonjohto

fasinja

matkustaja

mazubi

kontti

kwali

pahvilaatikko

amalanke

kärryt

kwando

kori

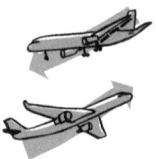

tashi / sauka

nousta / laskea

birni
kaupunki

kauye

kylä

tsakiyar birni

keskusta

gida

talo

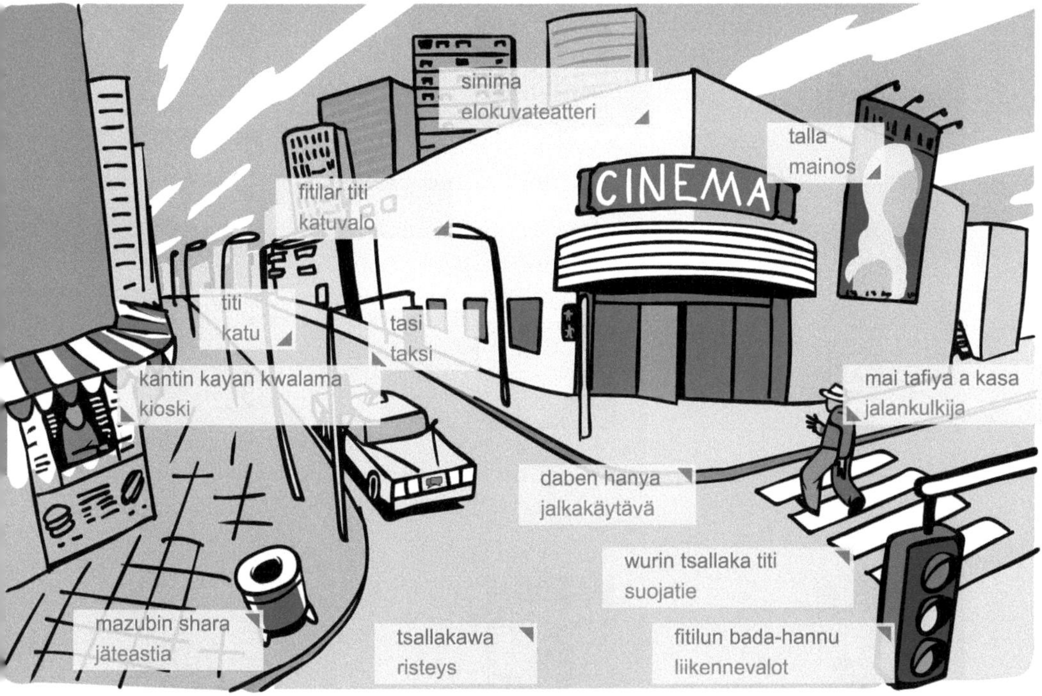
sinima
elokuvateatteri
CINEMA
talla
mainos
fitilar titi
katuvalo
titi
katu
tasi
taksi
kantin kayan kwalama
kioski
mai tafiya a kasa
jalankulkija
daben hanya
jalkakäytävä
wurin tsallaka titi
suojatie
mazubin shara
jäteastia
tsallakawa
risteys
fitilun bada-hannu
liikennevalot

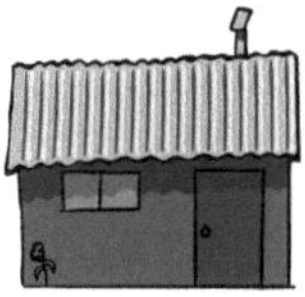
bukka
mökki

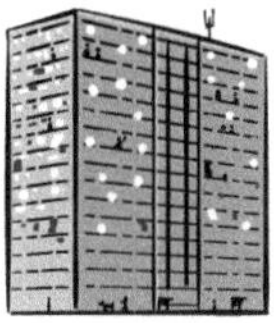
shafaffe
kerrostalo

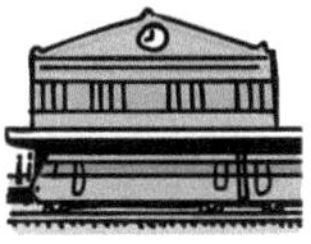
tashar jirgin kasa
rautatieasema

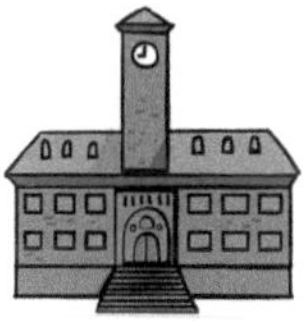
dakin taro
kaupungintalo

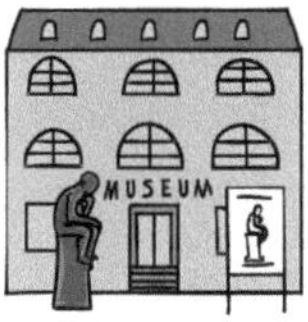
MUSEUM
gidan kayan tarihi
museo

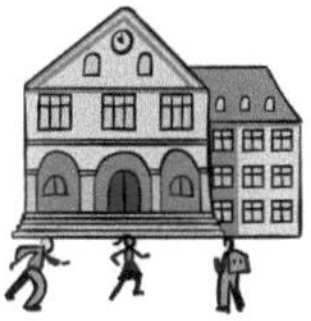
makaranta
koulu

jami'a

yliopisto

banki

pankki

asibiti

sairaala

otal

hotelli

kantin magani

apteekki

ofis

toimisto

kantin littattafai

kirjakauppa

kanti

liike

mai sayar da furanni

kukkakauppa

babban kanti

supermarketti

kasuwa

tori

kanti mai sassa

tavaratalo

shagon sayar da kifi

kalakauppias

wurin sayayya

ostoskeskus

matsayar jiragen ruwa

satama

ma'ajiyar motoci

puisto

benci

penkki

gada

silta

kafar bene

portaat

karkashin kasa

metro

ramin karkashin kasa

tunneli

matsayar bas

linja-autopysäkki

mashaya

baari

gidan abinci

ravintola

akwatin sakonni

postilaatikko

alamar titi

katukyltti

mitar ajiye motoci

parkkimittari

gidan namun daji

eläintarha

kwamin iyo

uimala

masallaci

moskeija

gona
maatila

gurbata
ympäristön saastuminen

makabarta
hautausmaa

coci
kirkko

filin wasanni
leikkikenttä

dakin bauta
temppeli

fadin kasa
maisema

ganye
lehti

turken alama
tienviitta

hanya
tie

makiyaya
niitty

dutse
kivi

mai tattaki
retkeilijä

bishiya
puu

korama
joki

ciyawa
ruoho

fure
kukka

kwazazzabo

laakso

tudu

vuori

tafki

järvi

daji

metsä

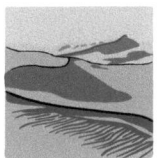

hamada

aavikko

amon dutse

tulivuori

fada

linna

bakan-gizo

sateenkaari

malafar jaki

sieni

bishiyar kwakwar manja

palmu

sauro

hyttynen

kuda

kärpänen

tururuwa

muurahainen

zuma

mehiläinen

gizo

hämähäkki

burgunguma

kovakuoriainen

kwado

sammakko

kurege

orava

bushiya

siili

zomo

jänis

mujiya

pöllö

tsuntsu

lintu

agwagwar ruwa

joutsen

aladen daji

villisika

namijin barewa

peura

kanki

hirvi

dam

pato

lantarki mai iska

tuulimylly

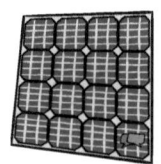

farantin hasken rana

aurinkopaneeli

yanayi

ilmasto

gidan abinci
ravintola

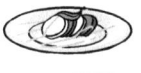

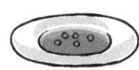

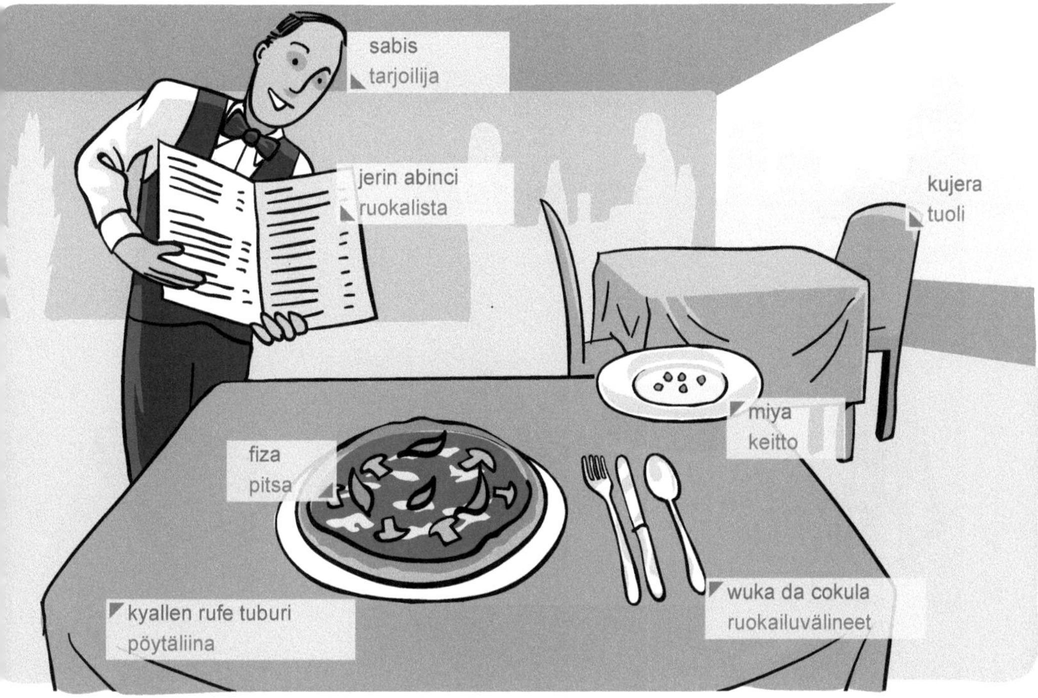

sabis
tarjoilija
jerin abinci
ruokalista
kujera
tuoli
miya
keitto
fiza
pitsa
wuka da cokula
ruokailuvälineet
kyallen rufe tuburi
pöytäliina

makunni
alkuruoka

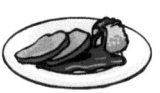

babban abinci
pääruoka

kayan zaki
jälkiruoka

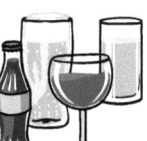

kayan sha
juomat

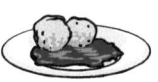

abinci
ruoka

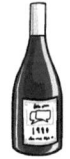

kwalba
pullo

abincin tafi-da-gidanka

pikaruoka

abincin titi

katuruoka

tukunyar shayi

teekannu

kwanon sikari

sokeriastia

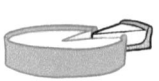

gutsire

annos

injin hada kofi

espressokeitin

kujera mai tudu

syöttötuoli

doka

lasku

tire

tarjotin

wuka

veitsi

cokali mai yatsu

haarukka

cokali

lusikka

cokalin shayi

teelusikka

kyallen cin abinci

servietti

gilashi

lasi

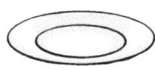

faranti

lautanen

farantin miya

syvä lautanen

farantin kofi

aluslautanen

hadin dandano

kastike

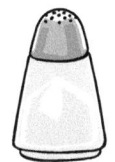

mazubin gishiri

suolasirotin

abin nikan yaji

pippurimylly

lamurje

etikka

mai

öljy

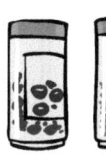

kayan dandano

mausteet

miyar tumatir

ketsuppi

mustad

sinappi

mayonnaise

majoneesi

babban kanti
supermarketti

tayin musamman
tarjous
FOR
abokin ciniki
asiakas
matatsar nono
maitotuotteet
kayan marmari
hedelmät
abin daukar kaya
ostoskärryt

BUTCHERS

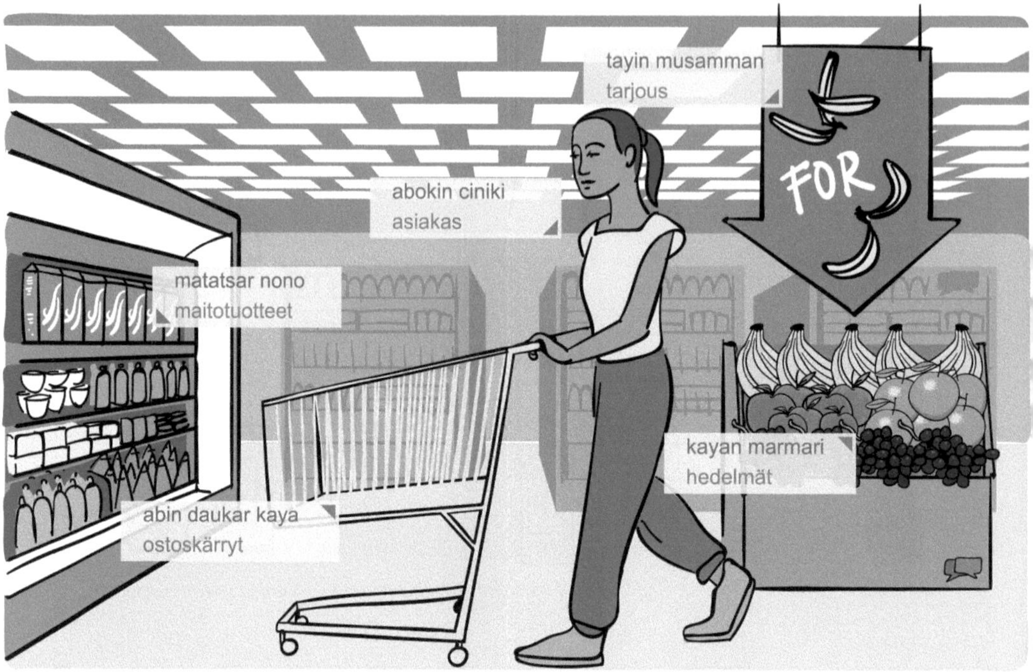

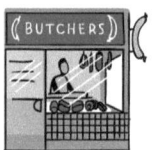

na mahauci

teurastamo

BAKERY

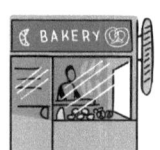

shagon mai burodi

leipomo

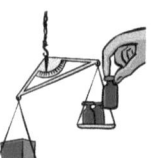

auna nauyi

punnita

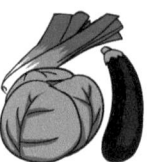

kayan lambu

kasvikset

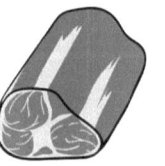

nama

liha

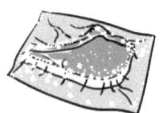

darkararren abinci

pakasteet

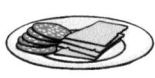

nama mai sanyi

leikkele

abincin gwangwani

säilykkeet

garin sabulun wanki

pesujauhe

alewa

makeiset

kayan amfanin gida

kotitaloustarvikkeet

kayan tsafta

puhdistusaineet

mai sayarwa

myyjä

haro

kassa

mai biyan kudi

kassanhoitaja

jerin kayan sayayya

ostoslista

sa'o'in budewa

aukioloajat

alabe

lompakko

katin banki

luottokortti

jaka

kassi

jakar roba

muovipussi

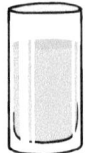

ruwa

vesi

ruwan 'ya'yan itace

mehu

madara

maito

coke

kokis

barasa

viini

giya

olut

barasa

alkoholi

koko

kaakao

shayi

tee

kofi

kahvi

bakin kofi

espresso

kofi mai madara

cappuccino

ayaba

banaani

tufa

omena

lemon zaki

appelsiini

kankana

meloni

lemon tsami

sitruuna

karas

porkkana

tafarnuwa

valkosipuli

gora

bambu

albasa

sipuli

kunnen-jaki

sieni

dangin gyada

pähkinät

dangin taliya

spagetti

sufageti

spagetti

shinkafa

riisi

man salak

salaatti

sala-sala

ranskalaiset

soyayyen dankali

paistetut perunat

fiza

pitsa

hambaga

hampurilainen

sanwich

voileipä

kwan nama

leike

naman alade

kinkku

salami

salami

kilishin turawa

makkara

kaza

kana

gashi

paisti

kifi

kala

kamun oats

kaurahiutaleet

muesli

mysli

kwamfiles

murot

fulawa

jauho

fanke

voisarvi

yankan burodi

sämpylä

burodi

leipä

gashi

paahtoleipä

biskit

keksit

bota

voi

man shanu

rahka

kek

kakku

kwai

kananmuna

soyayyen kwai

paistettu kananmuna

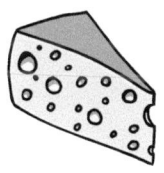

cuku

juusto

askirim

jäätelö

sikari

sokeri

zuma

hunaja

jam

hillo

cakuletin shafawa

suklaapähkinälevite

kori

curry

gona
maatila

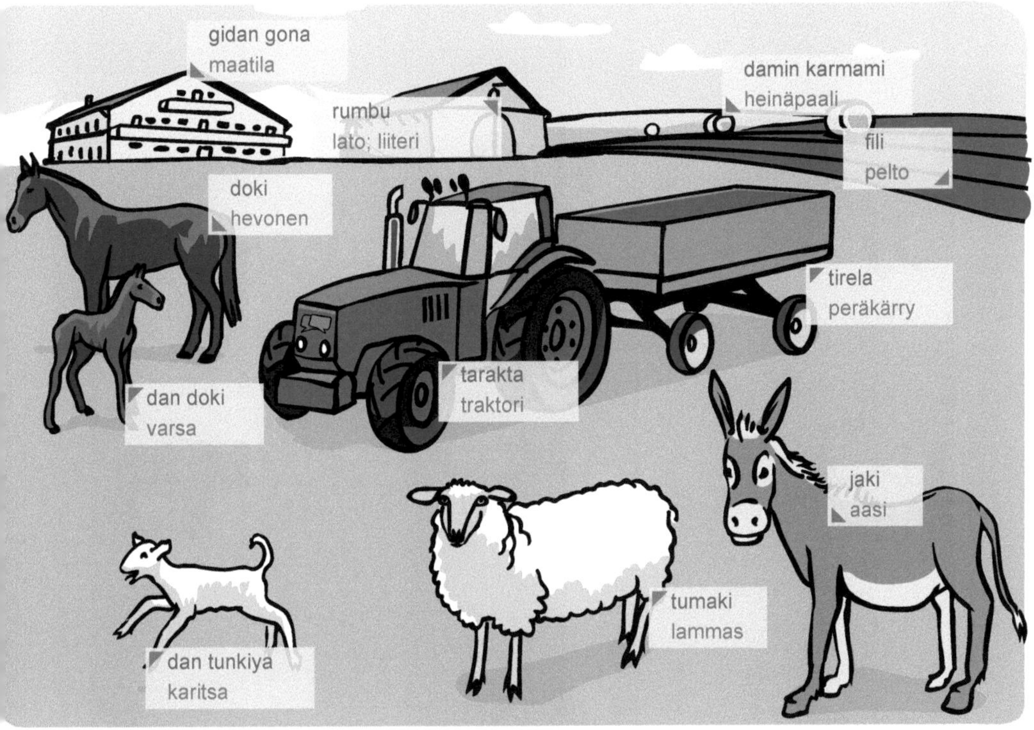

gidan gona
maatila
rumbu
lato; liiteri
damin karmami
heinäpaali
fili
pelto
doki
hevonen
tirela
peräkärry
tarakta
traktori
dan doki
varsa
jaki
aasi
tumaki
lammas
dan tunkiya
karitsa

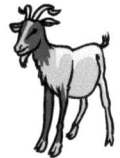

akuya

vuohi

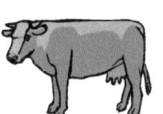

saniya

lehmä

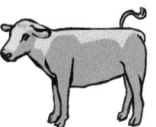

maraki

vasikka

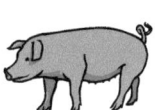

alade

sika

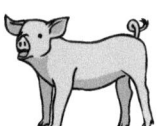

dan alade

porsas

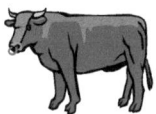

bajimi

sonni

dinya

hanhi

agwagwa

ankka

dan tsako

tipu

kaza

kana

zakara

kukko

bera

rotta

kyanwa

kissa

bera

hiiri

takarkari

härkä

kare

koira

dakin kare

koirankoppi

bututun lambu

puutarhaletku

bokitin ban-ruwa

kastelukannu

ashasha

viikate

garma

aura

lauje

sirppi

fartanya

kuokka

cebur mai yatsu

talikko

gatari

kirves

wilbaro

kottikärryt

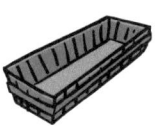

mazubin abincin dabbobi

kaukalo

gwangwanin madara

maitokannu

buhu

säkki

shinge

aita

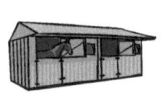

barga

talli

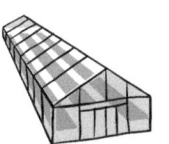

koren-gida

kasvihuone

rairai

maa

iri

siemen

taki

lannoite

injin girbi da sussuka

leikkuupuimuri

girbe

kerätä sato

girbi

sato

doya

jamssit

alkama

vehnä

waken soya

soija

dankali

peruna

dawa

maissi

furen mai

rypsi

bishiyar kayan marmari

hedelmäpuu

rogo

maniokki

hatsi

vilja

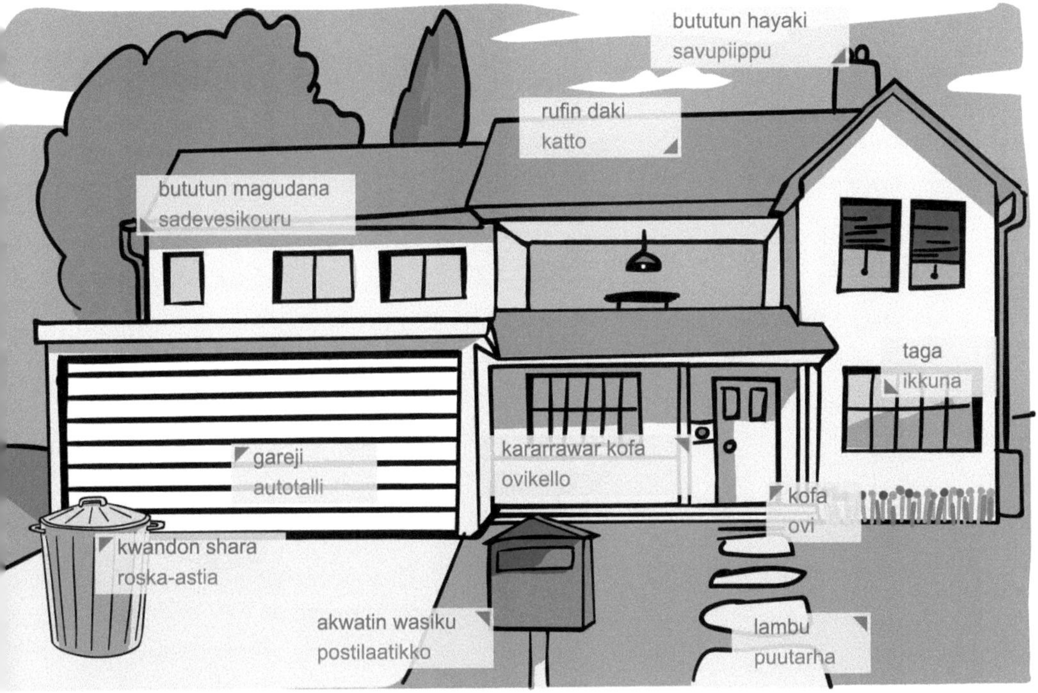

bututun hayaki
savupiippu

rufin daki
katto

bututun magudana
sadevesikouru

taga
ikkuna

gareji
autotalli

kararrawar kofa
ovikello

kofa
ovi

kwandon shara
roska-astia

akwatin wasiku
postilaatikko

lambu
puutarha

falo
olohuone

dakin wanka
kylpyhuone

kicin
keittiö

dakin kwana
makuuhuone

dakin yaro
lastenhuone

dakin cin abinci
ruokahuone

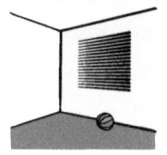

dabe

lattia

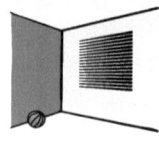

bango

seinä

sili

katto

dakin karkashin kasa

kellari

wurin wankan dumi

sauna

barandar bene

parveke

baranda

terassi

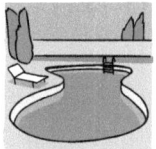

gulbin ninkaya

uima-allas

injin yanke ciyawa

ruohonleikkuri

kwano

lakana

zanen gado

päiväpeitto

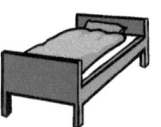

gado

sänky

tsintsiya

harja

bokiti

ämpäri

makunni

katkaisin

falo
olohuone

takardar bango
tapetti
hoto
kuva
fitila
lamppu
kantar littattafai
hylly
kabed
kaappi
talbijin
televisio
wurin wuta
takka
fure
kukka
kushin
tyyny
babbar kujera
sohva
gilashin fure
maljakko
rimot
kaukosäädin

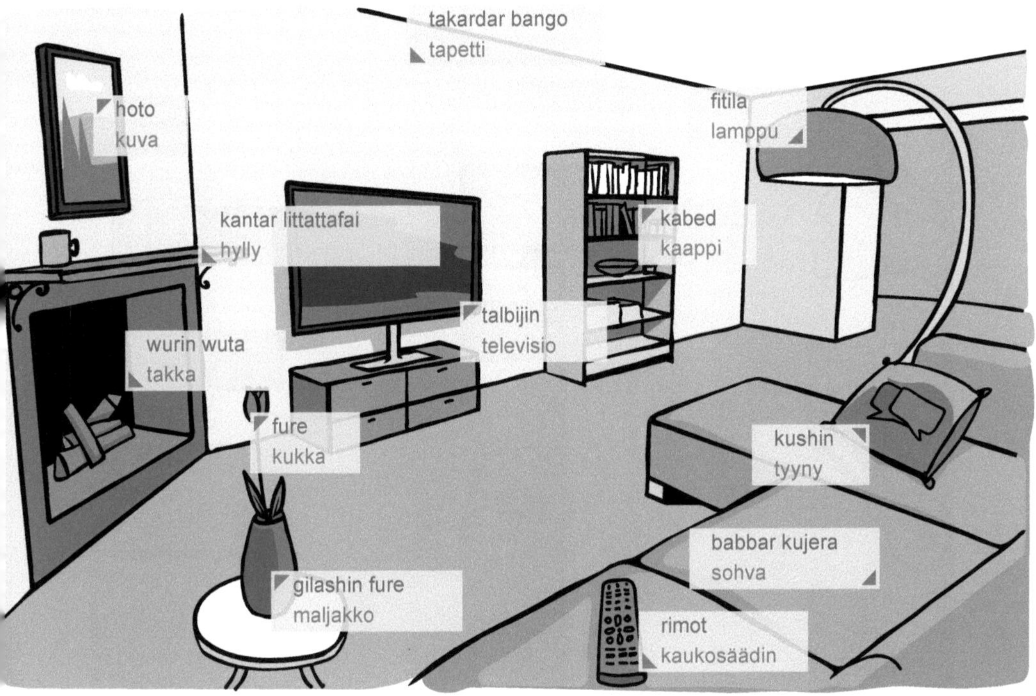

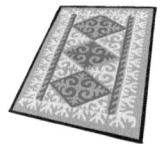

darduma

matto

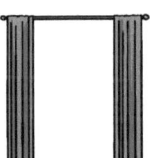

labule

verho

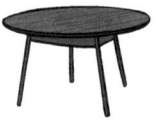

teburi

pöytä

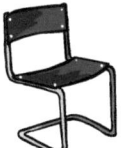

kujera

tuoli

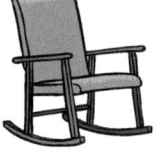

kujera mai shillo

keinutuoli

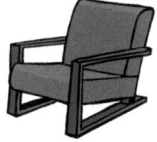

kujera mai hannu

nojatuoli

littafi

kirja

bargo

peitto

kwalliya

koriste

itacen girki

polttopuut

fim

elokuva

kayan hi-fi

stereot

makulli

avain

jarida

sanomalehti

zanen fenti

maalaus

fasta

juliste

rediyo

radio

takardar rubutu

muistivihko

na'urar share darduma

pölynimuri

murtsunguwa

kaktus

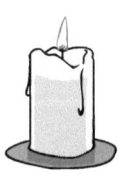

kyandir

kynttilä

kicin
keittiö

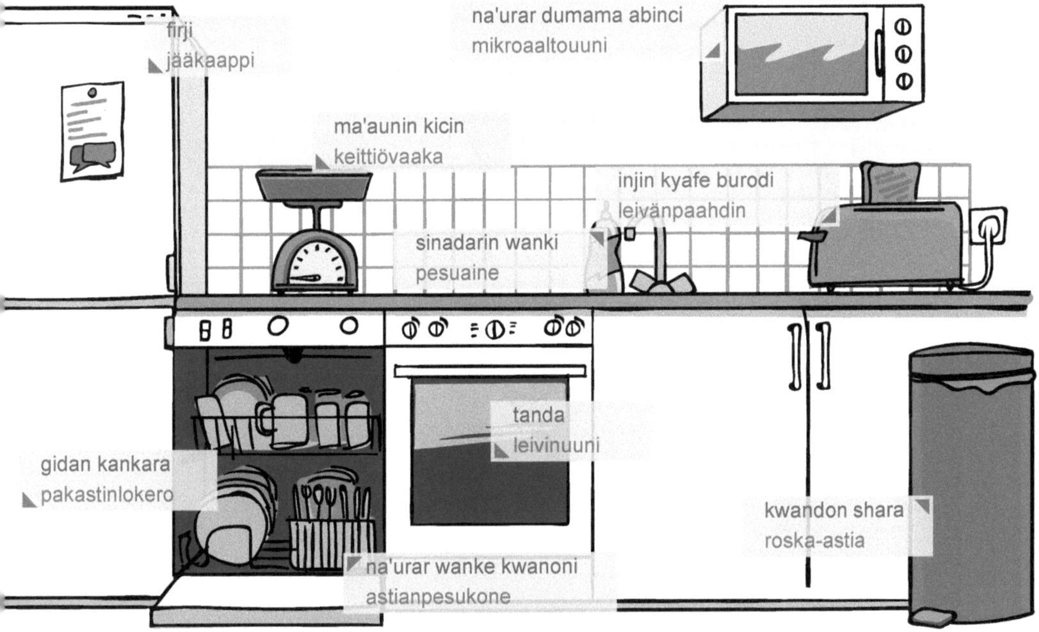
firji
jääkaappi
na'urar dumama abinci
mikroaaltouuni
ma'aunin kicin
keittiövaaka
injin kyafe burodi
leivänpaahdin
sinadarin wanki
pesuaine
tanda
leivinuuni
gidan kankara
pakastinlokero
kwandon shara
roska-astia
na'urar wanke kwanoni
astianpesukone

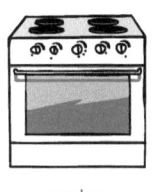

cooker

liesi

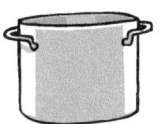

tukunya

kattila

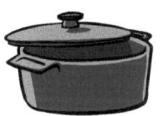

tukunyar alminiyum

rautapata

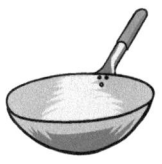

kwanon suya

vokkipannu / kadai-pannu

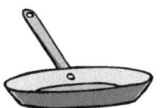

kwanan suya

paistinpannu

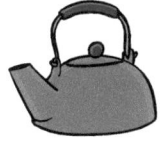

buta

teepannu

tukunyar dumi

höyrykeitin

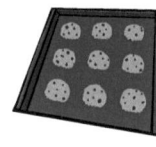

kwanan gashi

uunipelti

kayan tangaran

astiat

tambulan

muki

kwano

kulho

tsinkayen cin abinci

syömäpuikot

ludayi

kauha

ludayin suya

paistinlasta

makadin kwai

vispilä

rariya

siivilä

mataci

siivilä

na'urar nika

raastin

turmi

mortteli

balangu

grilli

wutar sarari

avotuli

katakon yanke-yanke

leikkuulauta

katakon murji

kaulin

mabudin kwalba

korkinavaaja

gwangwani

purkki

mabudin gwangwani

purkinavaaja

hannun tukunya

pannulappu

wurin wanke-wanke

lavuaari

burushi

tiskiharja

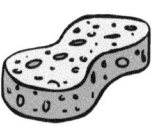

soso

pesusieni

bilenda

tehosekoitin

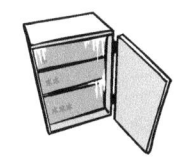

babban gidan kankara

pakastin

bulumboti

tuttipullo

famfo

vesihana

dakin wanka
kylpyhuone

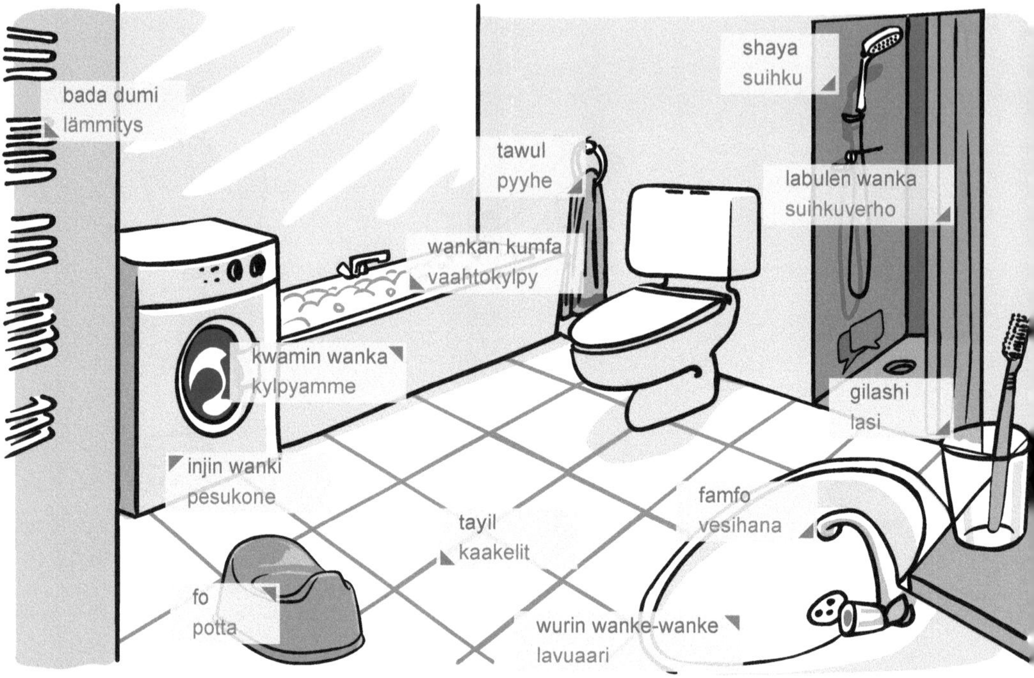

bada dumi
lämmitys
shaya
suihku
tawul
pyyhe
labulen wanka
suihkuverho
wankan kumfa
vaahtokylpy
kwamin wanka
kylpyamme
gilashi
lasi
injin wanki
pesukone
famfo
vesihana
tayil
kaakelit
fo
potta
wurin wanke-wanke
lavuaari

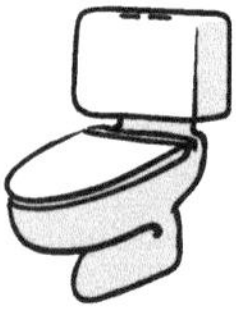

bandaki
vessa

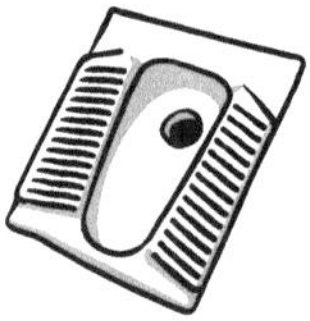

bandakin tsuguno
kyykkyvessa

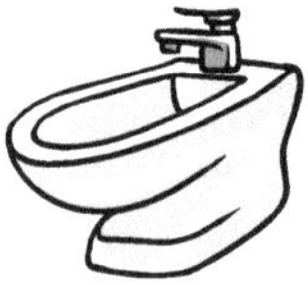

kwamin tsarki
bidee

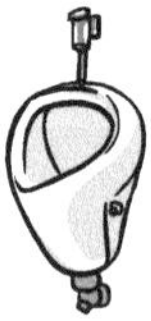

wurin fitsari
pisuaari

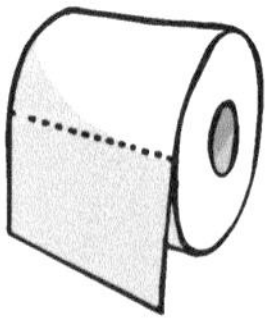

takardar bandaki
vessapaperi

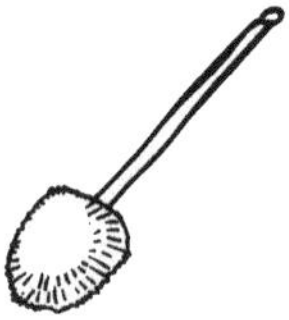

burushin bandaki
vessaharja

burushin hakori

hammasharja

man hakori

hammastahna

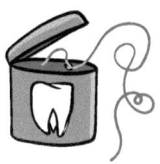

zaren sakace

hammaslanka

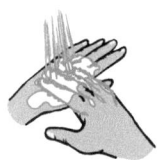

wanke

pestä

shayar hannu

käsisuihku

wankin farji

intiimisuihku

kwamin wanke hannu

pesuvati

burushin wanke baya

selkäharja

sabulu

saippua

ruwan sabulun wanka

suihkugeeli

man gyaran gashi

shampoo

tsumman wanka

pesulappu

lambatu

viemäri

kirim

voide

turaren kamshi

deodorantti

madubi

peili

madubin hannu

käsipeili

reza

partaveitsi

man yaran fuska

partavaahto

man aski

partavesi

mataji

kampa

burushi

harja

na'urar busar da gashi

hiustenkuivaaja

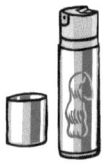

man gashi

hiuslakka

kwalliya

meikki

jan-baki

huulipuna

man farce

kynsilakka

audugar goge kunne

pumpuli

almakashin yankan farce

kynsisakset

turare

hajuvesi

jakar wanka

kosmetiikkalaukku

bahaya

jakkara

ma'aunin nauyi

vaaka

rigar wanka

kylpytakki

safar roba

kumihansikkaat

audugar haila

tamponi

audugar mata

terveysside

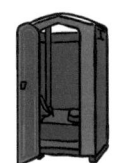

bandakin tafi-da-gidanka

kemiallinen wc

dakin yaro
lastenhuone

agogo mai kararrawa
herätyskello
yartsanar tsumma
pehmolelu
motar wasan yara
leikkiauto
kara
helistin
gidan 'yartsana
nukkekoti
kyauta
lahja

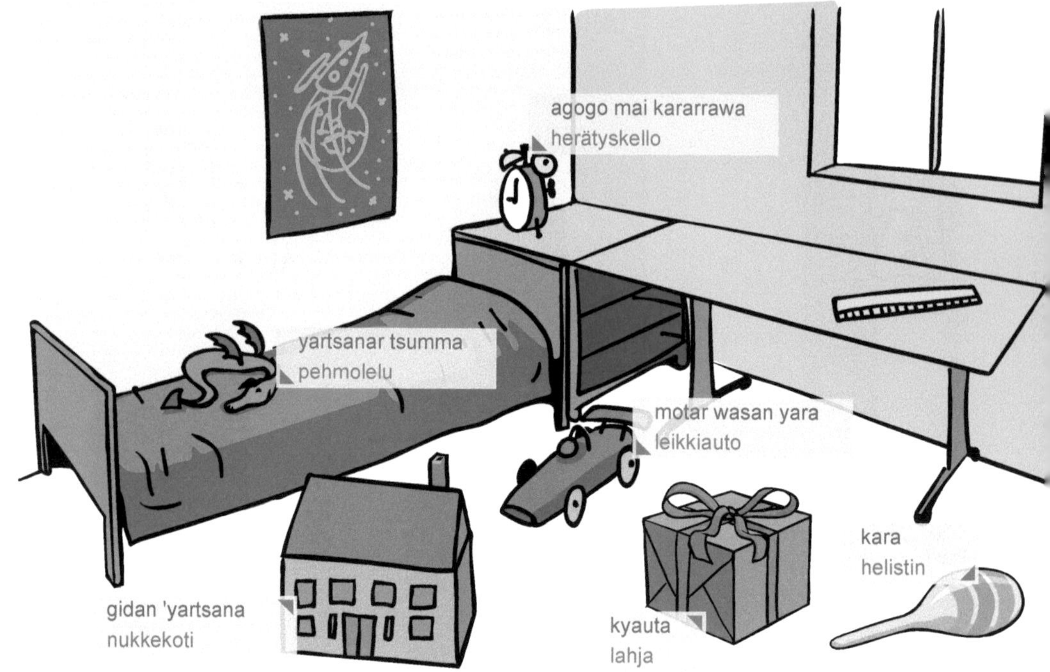

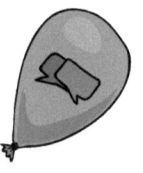

balo

ilmapallo

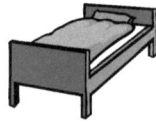

gado

sänky

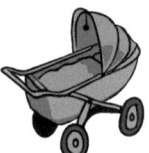

keken jarirai

lastenvaunut

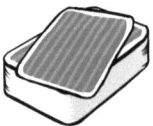

benen kwalaye

korttipeli

wasa kwakwalwa

palapeli

SUPER
MEGA

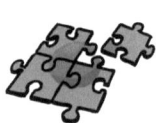

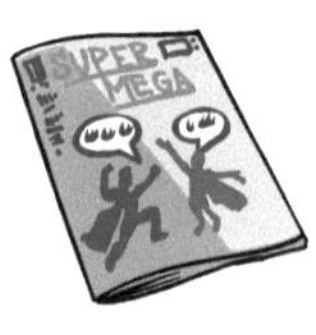

ban dariya

sarjakuva

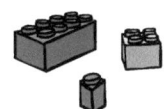

tubalan roba

legopalikat

tubalan gini

rakennuspalikat

mutum-mai-aiki

supersankari

rigar jariri

potkupuku

Dokin iska

frisbee

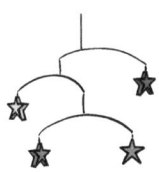

tafi-da-gidanka

mobile

wasan dara

lautapeli

dan ludo

noppa

zubin kwatancin jirgin kasa

pienoisjunarata

mutum-mutumi

tutti

walima

juhlat

littafi mai hotuna

kuvakirja

kwallo

pallo

yartsana

nukke

yi wasa

leikkiä

akwatin yashi

hiekkalaatikko

lilo

keinu

kayan wasan yara

lelut

allon wasannin bidiyo

pelikonsoli

babur mai taya uku

kolmipyörä

yartsanar tsumma

nalle

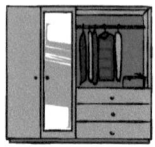

wadirob

vaatekaappi

tufafi
vaatteet

safa

sukat

sitokins

nylonsukat

matse-jiki

sukkahousut

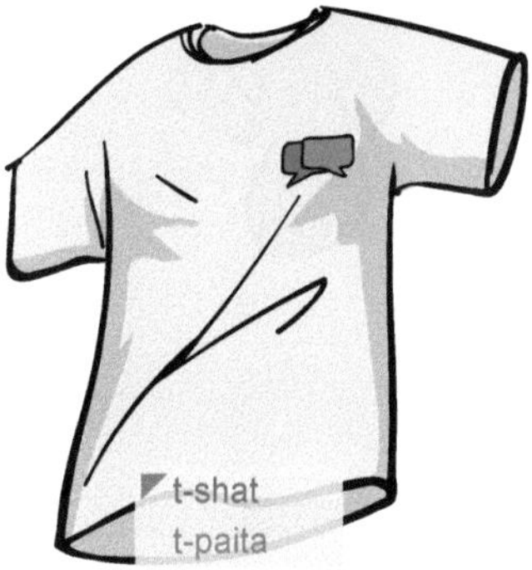

adiko
kaulaliina

belet
vyö

lema
sateenvarjo

t-shat
t-paita

takalman aiki
saappaat

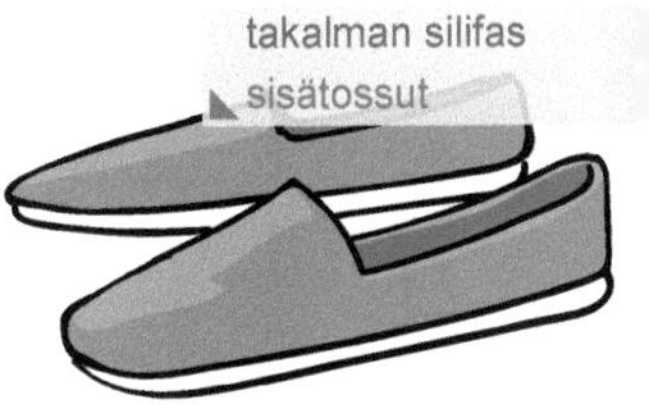

takalman silifas
sisätossut

takalman wasa
lenkkarit

takalman sandal
....
sandaalit

takalma
....
kengät

takalman roba
....
kumisaappaat

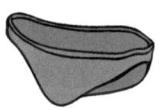

kamfai
....
alushousut

rigar nono
....
rintaliivit

falmaran
....
aluspaita

jiki
body

wando
housut

jeans
farkut

dantofi
hame

rigar mata
pusero

karamar riga
paita

riga mai hula
villapaita

hular riga
collegepaita

bileza
jakku

jaket
takki

kwat
takki

rigar ruwa
sadetakki

kayan yayi
puku

kayan sawa
mekko

rigar aure
hääpuku

kwat da wando
....
puku

rigar dare
....
yöpaita

kayan barci
....
pyjama

sari
....
shari

dankwali
....
päähuivi

rawani
....
turbaani

hijabi
....
burka

kaftani
....
kaftaani

abaya
....
abaya

rigar iyo
....
uimapuku

wandon wasa
....
uimahousut

gajeran wando
....
shortsit

kayan wasanni
....
verkkarit

kyallen aiki
....
esiliina

safar hannu
....
käsineet

maballi

nappi

tabarau

silmälasit

awarwaro

rannekoru

tsakiya

kaulakoru

zobe

sormus

dan kunne

korvakoru

hula

lippalakki

maratayin kwat

ripustin

malafa

hattu

lakataya

solmio

zi

vetoketju

hular kwano

kypärä

masu daidaita hakori

henkselit

kayan makaranta

koulupuku

yunifom

univormu

kyallen cin abincin jariri

....

ruokalappu

mutum-mutumi

....

tutti

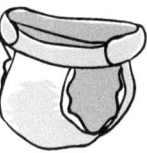

kunzugu

....

vaippa

ofis

toimisto

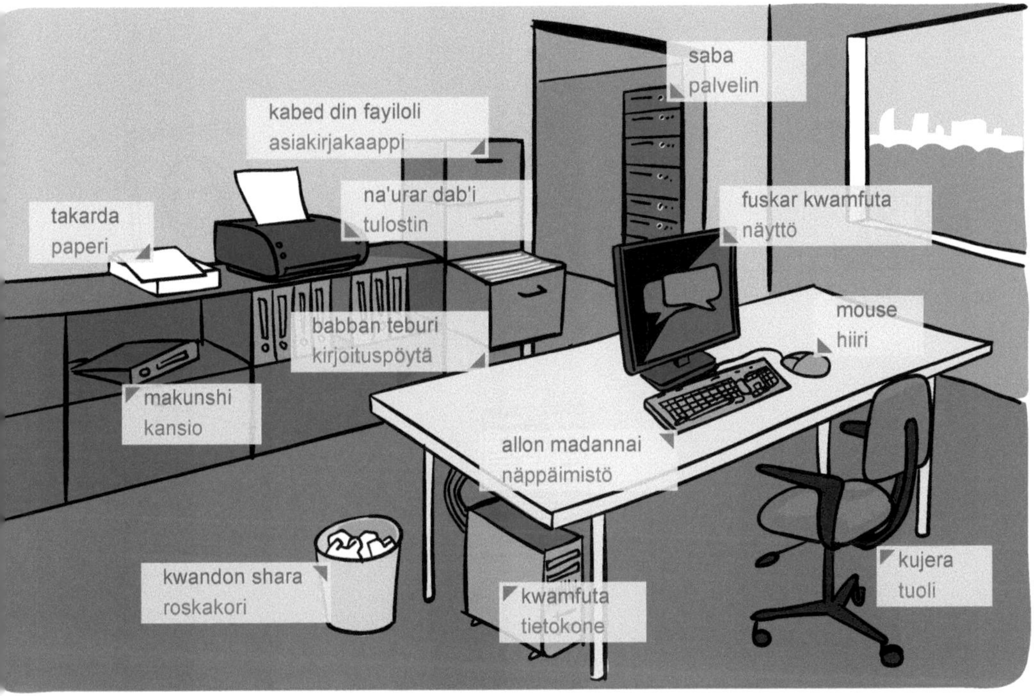

saba
palvelin

kabed din fayiloli
asiakirjakaappi

na'urar dab'i
tulostin

fuskar kwamfuta
näyttö

takarda
paperi

mouse
hiiri

babban teburi
kirjoituspöytä

makunshi
kansio

allon madannai
näppäimistö

kwandon shara
roskakori

kwamfuta
tietokone

kujera
tuoli

tambulan kofi

....

kahvimuki

kwakuleta

....

taskulaskin

intanet

....

internet

laptop

kannettava tietokone

wasika

kirje

sako

viesti

tafi-da-gidanka

kännykkä

sadarwa

verkko

na'urar hoton takarda

kopiokone

kwakwalwar kwamfuta

ohjelmisto

tarho

puhelin

jona soket

pistorasia

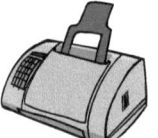

na'urar faks

faksi

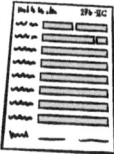

fom

lomake

daftari

asiakirja

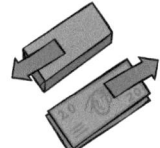

sayi

ostaa

biya

maksaa

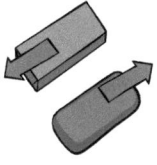

yi ciniki

vaihtaa

kudi

raha

dala

dollari

euro

euro

yen

jeni

robul

rupla

franc na Swiss

frangi

renminbi yuan

renminbi juan

rupee

rupia

injin bada kudi

pankkiautomaatti

gidan canjin kudi

rahanvaihto

zinare

kulta

azurfa

hopea

mai

öljy

makamashi

energia

farashi

hinta

matuntuba

sopimus

haraji

vero

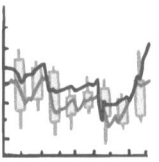

kaya

osake

yi aiki

työskennellä

ma'aikaci

työntekijä

mai daukar ma'aikata

työnantaja

masana'anta

tehdas

kanti

liike

ma'aikaci kashe gobara
palomies

jami'in dansanda
poliisi

kuku
kokki

likita
lääkäri

direban jirgin sama
lentäjä

mai aikin lambu
....
puutarhuri

kafinta
....
puuseppä

mace mai dinki
....
ompelija

alkali
....
tuomari

mai hada magunguna
....
kemisti

jarumi
....
näyttelijä

direban bas

linja-autonkuljettaja

direban tasi

taksinkuljettaja

masunci

kalastaja

mace mai shara

siivooja

mai aikin rufi

katontekijä

sabis

tarjoilija

mafarauci

metsästäjä

mai fenti

maalari

mai yin burodi

leipuri

mai gyaran lantarki

sähköasentaja

magini

rakentaja

injiniya

insinööri

mahauci

teurastaja

mai gyaran famfo

putkiasentaja

mai raba wasiku

postinjakaja

soja

sotilas

mai zayyanar gidaje

arkkitehti

mai biyan kudi

kassanhoitaja

mai sayar da furanni

floristi

mai gyaran gashi

kampaaja

mai kida

konduktööri

bakanike

mekaanikko

kyaftin

kapteeni

likitan hakori

hammaslääkäri

masanin kimiyya

tiedemies

limamin yahudu

rabbi

liman

imaami

mai ibadar kirista

munkki

malamin addini

pappi

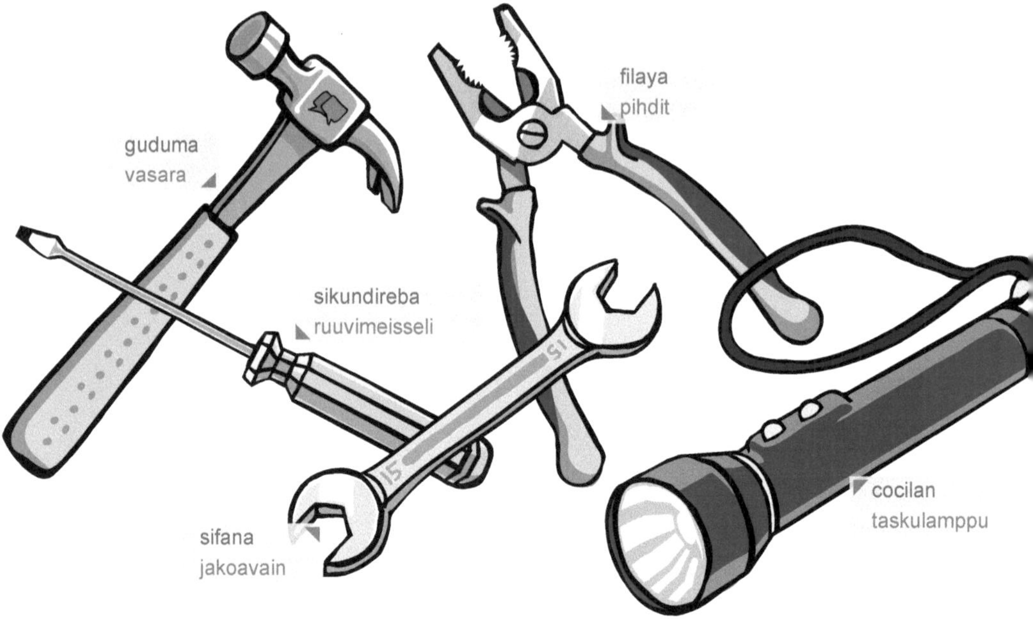

guduma
vasara

filaya
pihdit

sikundireba
ruuvimeisseli

sifana
jakoavain

cocilan
taskulamppu

diga

kaivinkone

akwatin kayan aiki

työkalupakki

tsani

tikkaat

zarto

saha

kusoshi

naulat

abin hudawa

pora

gyara

korjata

chebur

lapio

Tafdi!

Hitto!

makwashin shara

rikkalapio

tukunyar fenti

maalipurkki

kusoshi masu barima

ruuvit

kayan kida
soittimet

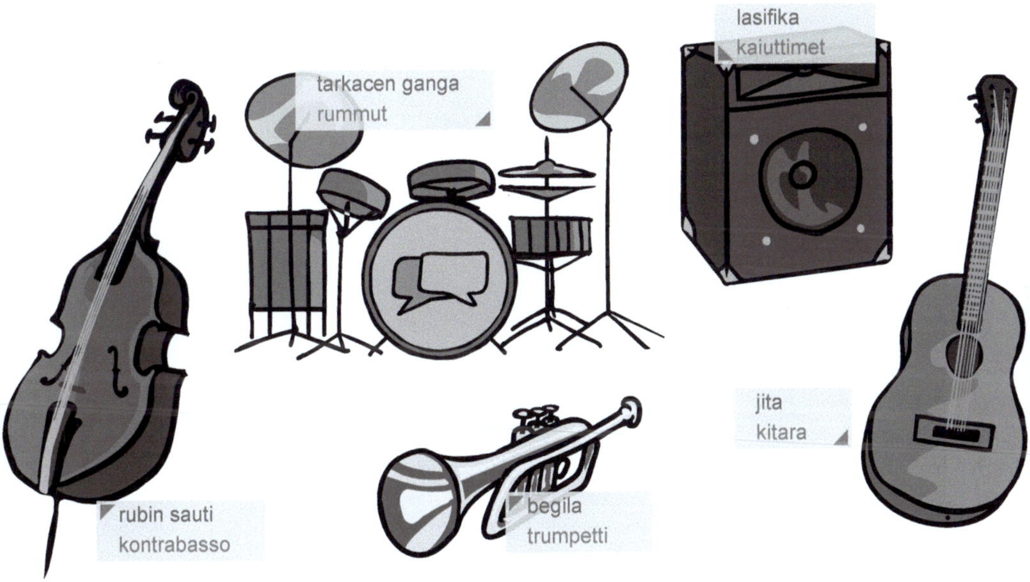

lasifika
kaiuttimet

tarkacen ganga
rummut

jita
kitara

rubin sauti
kontrabasso

begila
trumpetti

fiyano

piano

goge

viulu

karamin sauti

basso

gangunan timpani

patarummut

ganguna

rumpu

masarrafin fiyano

kosketinsoitin

saxophone

saksofoni

sarewa

huilu

makirfo

mikrofoni

mashigi
sisäänkäynti

damisar tiger
tiikeri

keji
häkki

jakin dawa
seepra

abincin dabbobi
eläinten ruoka

panda
panda

dabbobi

eläimet

giwa

norsu

babba-da-jaka

kenguru

karkanda

sarvikuono

goggon biri

gorilla

dabbar bear

karhu

rakumi

kameli

jimina

strutsi

zaki

leijona

biri

apina

dinya

flamingo

aku

papukaija

bear ta yankin kankara

jääkarhu

penguin

pingviini

kifin shark

hai

dawisu

riikinkukko

maciji

käärme

kada

krokotiili

mai tsaro zu

eläintarhanhoitaja

seal

hylje

damisar jaguar

jaguaari

rakumi

kameli

jimina

strutsi

zaki

leijona

biri

apina

dinya

flamingo

aku

papukaija

bear ta yankin kankara

jääkarhu

penguin

pingviini

kifin shark

hai

dawisu

riikinkukko

maciji

käärme

kada

krokotiili

mai tsaro zu

eläintarhanhoitaja

seal

hylje

damisar jaguar

jaguaari

gidan namun daji

eläintarha

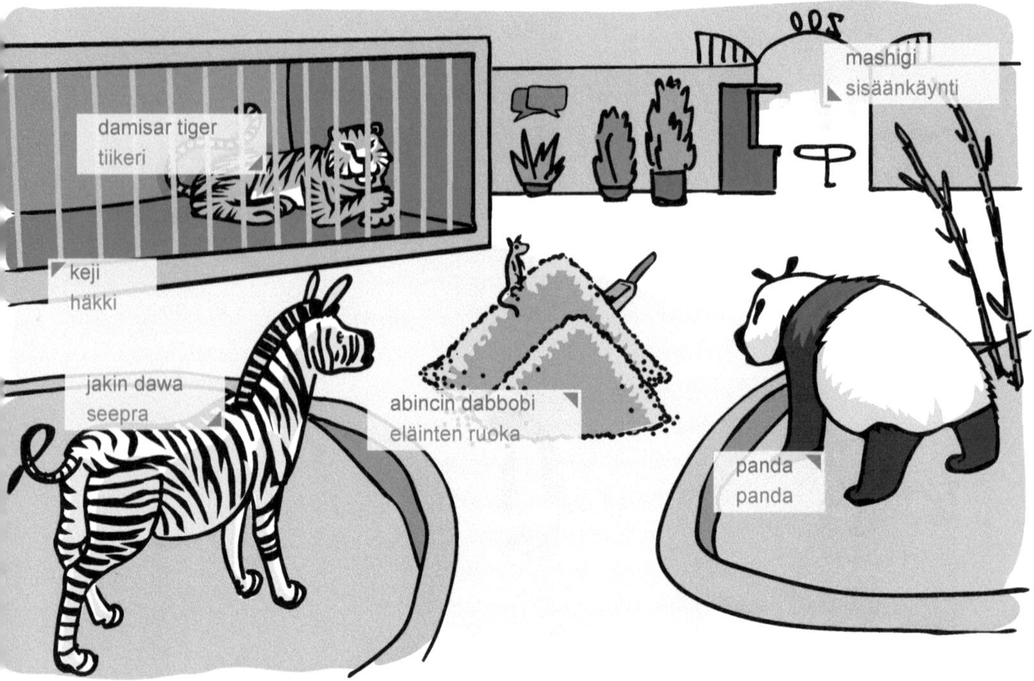
mashigi
sisäänkäynti
damisar tiger
tiikeri
keji
häkki
jakin dawa
seepra
abincin dabbobi
eläinten ruoka
panda
panda

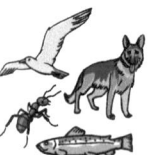

dabbobi

eläimet

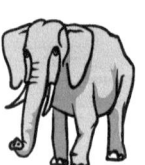

giwa

norsu

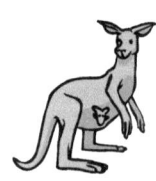

babba-da-jaka

kenguru

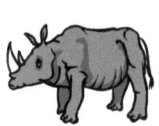

karkanda

sarvikuono

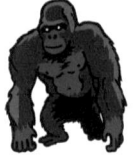

goggon biri

gorilla

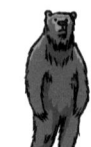

dabbar bear

karhu

dukushi

poni

damisar leopard

leopardi

mugun dawa

virtahepo

rakumin dawa

kirahvi

mikiya

kotka

aladen daji

villisika

kifi

kala

kunkuru

kilpikonna

walrus

mursu

dila

kettu

barewa

gaseli

kwallon kafar Amurka
amerikkalainen jalkapallo

tseren keke
pyöräily

wasan tennis
tennis

kwallon kwando
koripallo

ninkaya
uinti

kwallon gora na cikin kan
jääkiekko

dambe
nyrkkeily

kwallon kafa
jalkapallo

badminton
sulkapallo

wasannin motsa jiki
yleisurheilu

kwallon hannu
käsipallo

wasan kan kankara
hiihto

kwallon dawaki
poolo

62   wasanni - urheilu

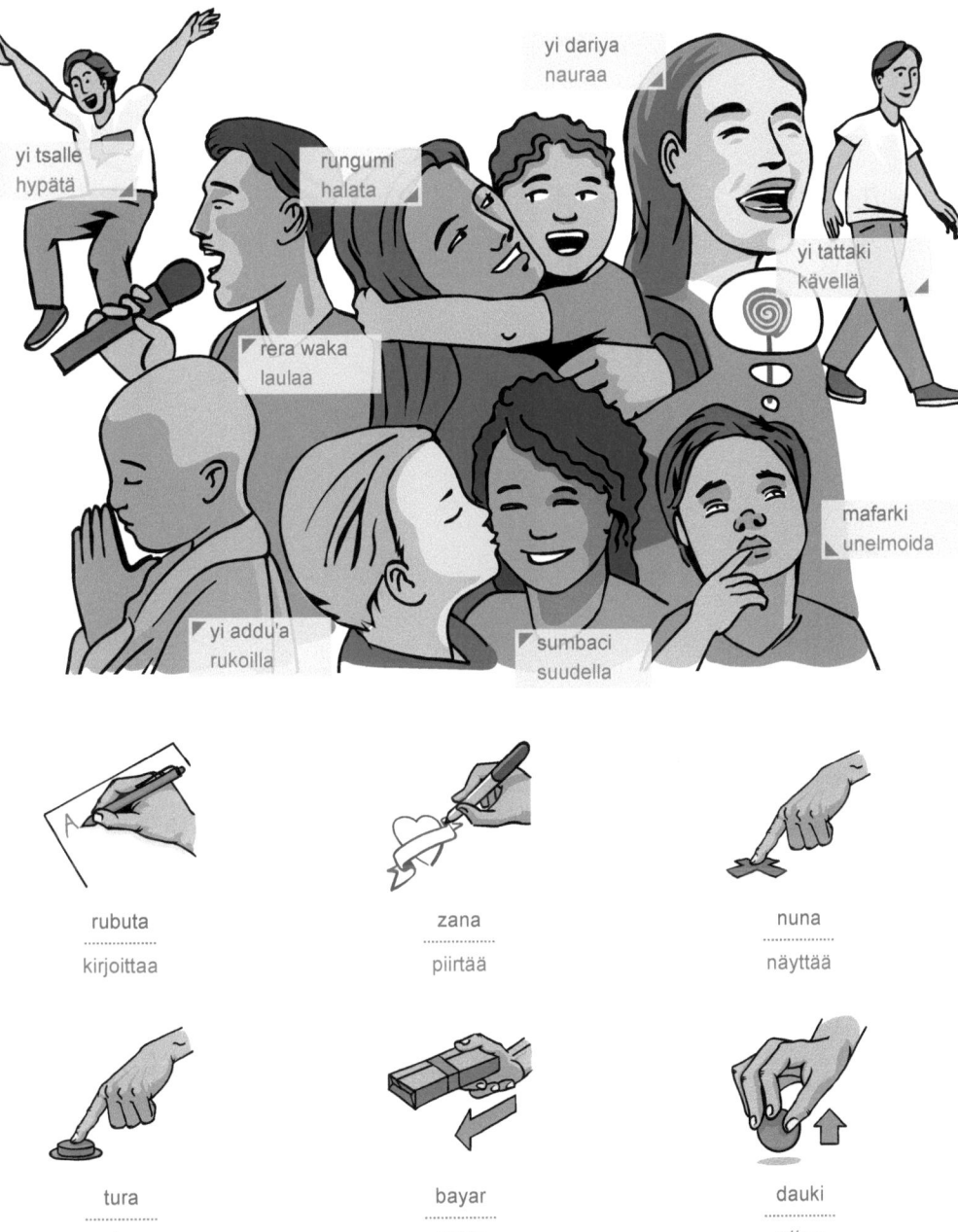

yi dariya
nauraa

yi tsalle
hypätä

rungumi
halata

yi tattaki
kävellä

rera waka
laulaa

mafarki
unelmoida

yi addu'a
rukoilla

sumbaci
suudella

rubuta	zana	nuna
kirjoittaa	piirtää	näyttää
tura	bayar	dauki
painaa	antaa	ottaa

sami
omistaa

yi
tehdä

kasance
olla

tsaya
seisoa

gudu
juosta

jawo
vetää

jefa
heittää

faduwa
kaatua

yi karya
maata

jira
odottaa

dauki
kantaa

zauna
istua

sanya tufafi
pukeutua

yi barci
nukkua

farka
herätä

kalli

katsoa

kuka

itkeä

bugi

silittää

taje

kammata

yi magana

puhua

fahimci

ymmärtää

tambayi

kysyä

saurari

kuunnella

sha

juoda

ci

syödä

tattare

siivota

yi soyayya

rakastaa

dafa

keittää

yi tuki

ajaa

tashi

lentää

tafi a kwalekwale

purjehtia

kwakuleta

laskea

karanta

lukea

koyi

oppia

yi aiki

työskennellä

yi aure

mennä naimisiin

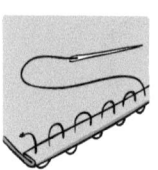

dinka

ommella

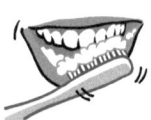

goge hakora

pestä hampaat

kashe

tappaa

busa taba

tupakoida

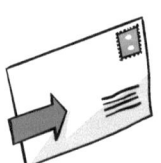

aika

lähettää

iyali
perhe

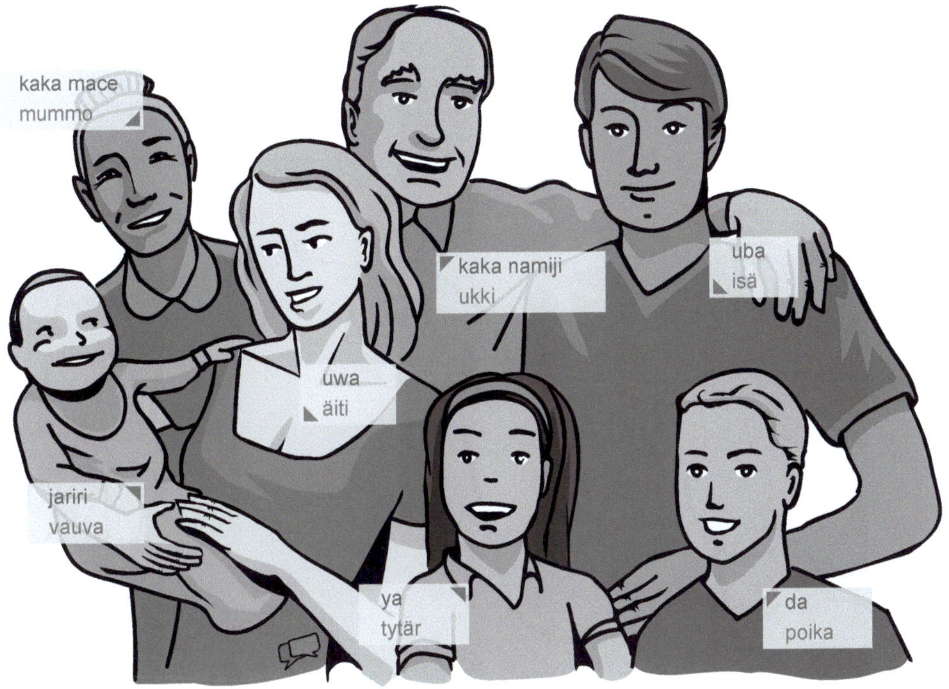

kaka mace
mummo
kaka namiji
ukki
uba
isä
uwa
äiti
jariri
vauva
ya
tytär
da
poika

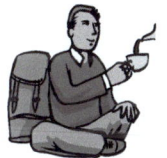

bako
vieras

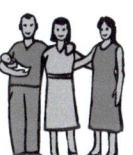

gwaggo
täti

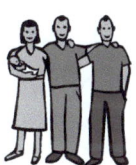

kawu
setä

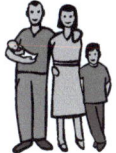

dan'uwa
veli

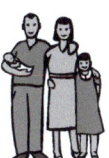

yar'uwa
sisko

jiki

vartalo

goshi
otsa
ido
silmä
kafada
olkapää
yatsa
sormet
fuska
kasvot
ha'ba
leuka
hannu
käsi
kafa
jalka
nono
rinta
damtse
käsivarsi

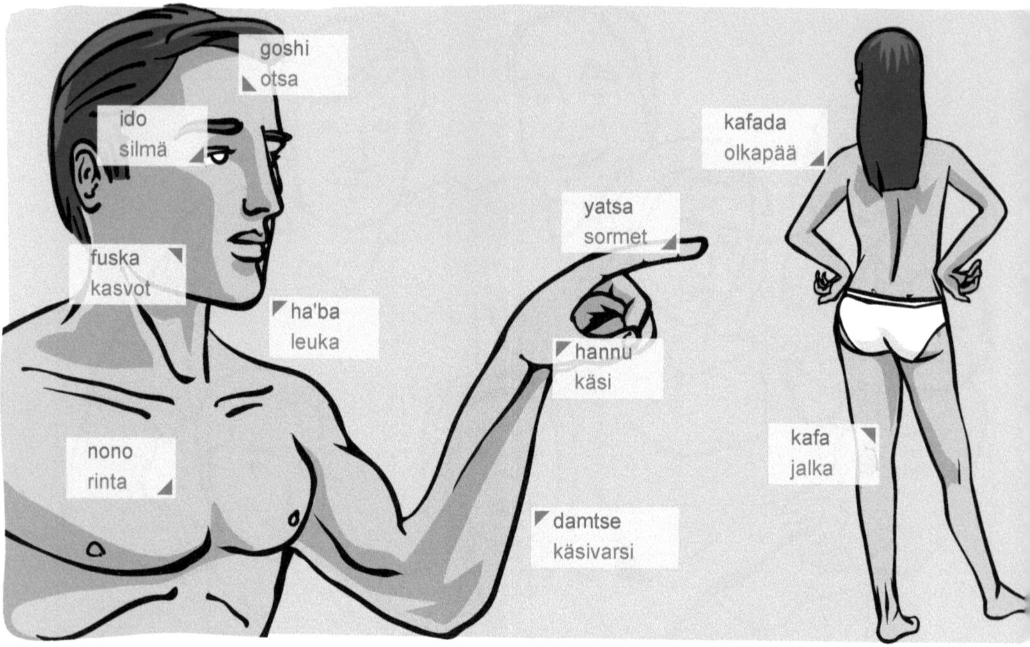

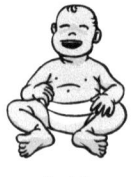

jariri

vauva

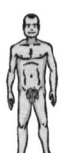

mutum

mies

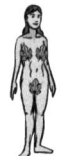

mace

nainen

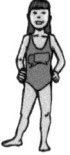

yarinya

tyttö

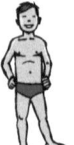

yaro

poika

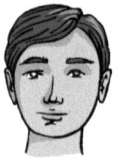

kai

pää

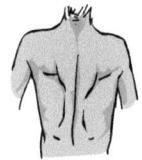

baya
selkä

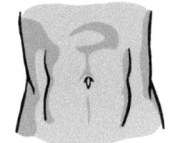

tulun ciki
maha

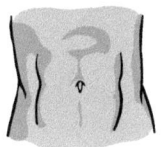

maballin ciki
napa

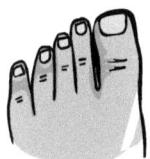

yatsan kafa
varvas

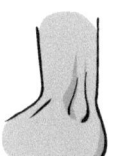

dudduge
kantapää

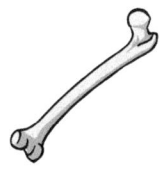

kashi
luu

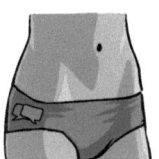

kugu
lantio

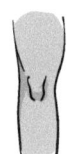

guiwa
polvi

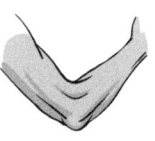

guiwar hannu
kyynärpää

hanci
nenä

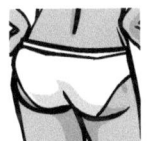

kasa
takapuoli

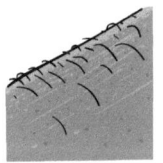

fata
iho

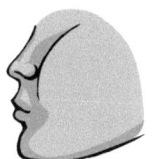

kumatu
poski

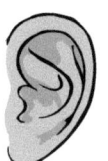

kunne
korva

lebe
huuli

wata
suu

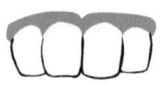

hakori
hammas

harshe
kieli

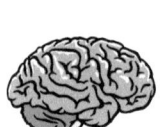

kwakwalwa
aivot

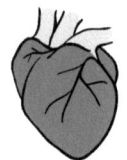

zuciya
sydän

kwanji
lihas

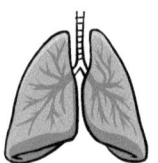

huhu
keuhkot

hanta
maksa

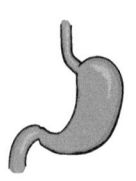

ciki
vatsa

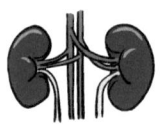

koda
munuaiset

jima'i
seksi

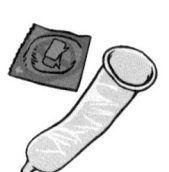

kwaroron roba
kondomi

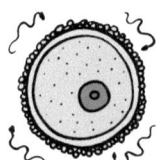

kwan mahaifa
munasolu

maniyyi
sperma

juna-biyu
raskaus

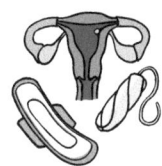

haila
kuukautiset

farji
vagina

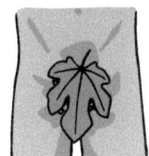

zakari
penis

gira
kulmakarvat

gashi
hiukset

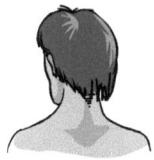

wuya
niska

asibiti
sairaala

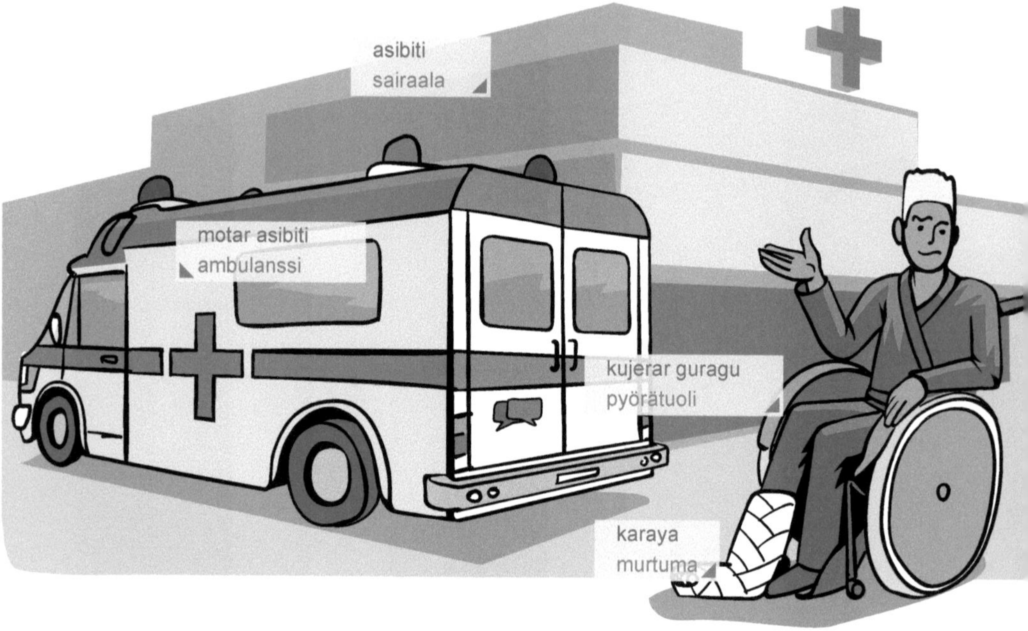

asibiti
sairaala
motar asibiti
ambulanssi
kujerar guragu
pyörätuoli
karaya
murtuma

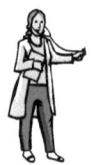

likita
lääkäri

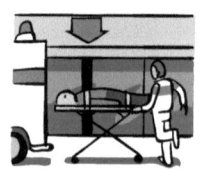

dakin kulawar gaggawa
ensiapu

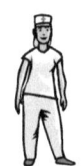

ma'aikaciyar jinya
sairaanhoitaja

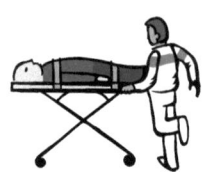

na gaggawa
hätätilanne

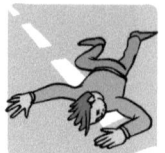

magashiyyan
tajuton

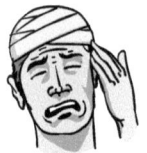

radadi
kipu

rauni

vamma

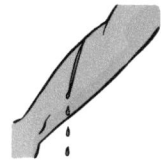

zubar jini

verenvuoto

bugun zuciya

sydänkohtaus

bugun jini

aivoinfarkti

kyan-jiki

allergia

tari

yskä

zazzabi

kuume

mura

flunssa

gudawa

ripuli

ciwon kai

päänsärky

cutar sankara

syöpä

ciwon suga

diabetes

likitan tiyata

kirurgi

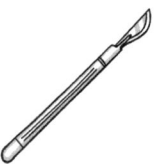

wukar likita

veitsi

tiyata

leikkaus

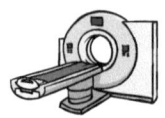

CT

ct

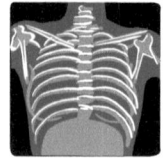

hoton kirji

röntgen

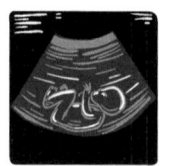

hoton ciki

ultraääni

marufin fuska

maski

cuta

sairaus

dakin jira

odotushuone

madogari

sauva

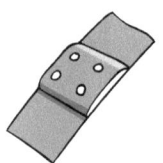

filasta

laastari

bandeji

side

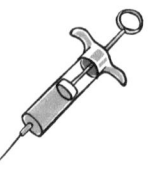

allura

pistos

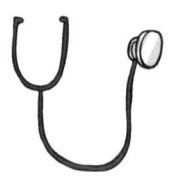

na'urar awon zuciya

stetoskooppi

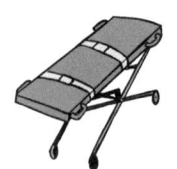

gadon daukar marar lafiya

paarit

na'urar auna zafin jiki

kuumemittari

haihuwa

syntymä

yawan nauyi

ylipaino

abin kara ji

kuulolaite

sinadarin kashe kwayoyin cuta

desinfiointiaine

kamuwar cuta

infektio

kwayar cuta

virus

Cutar Kanjamau

HIV / AIDS

magani

lääke

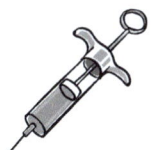

riga-kafi

rokotus

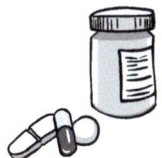

kwayoyin magani

tabletit

magani

pilleri

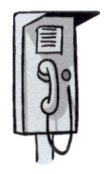

kiran gaggawa

hätäpuhelu

ma'aunin hawan jini

verenpainemittari

cuta / lafiya

sairas / terve

Taimako!

Apua!

kararrawa

hälytys

farmaki

ryöstö

hari

hyökkäys

hatsari

vaara

kofar ko-takwana

hätäuloskäynti

Wuta!

Tulipalo!

abin kashe wuta

palosammutin

hadari

onnettomuus

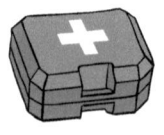

kayan taimakon gaggawa

ensiapulaukku

Neman taimako

SOS

dansanda

poliisilaitos

Turai

Eurooppa

Amurka ta Arewa

Pohjois-Amerikka

Amurka ta Kudu

Etelä-Amerikka

Afirka

Afrikka

Asiya

Aasia

Australia

Australia

Atlantika

Atlantin valtameri

Pacific

Tyynimeri

Tekun Indiya

Intian valtameri

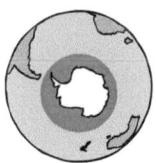

Tekun Antatika

Eteläinen jäämeri

Tekun Arctic

Pohjoinen jäämeri

Barin duniya na Arewa

pohjoisnapa

Barin duniya na Kudu

etelänapa

Antatika

Antarktis

Kasa

maa

tsandauri

maa

kogi

meri

tsibiri

saari

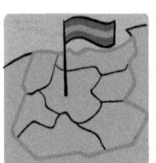

kasa

kansa

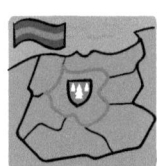

jiha

osavaltio

fuskar agogo
....
kellotaulu

hannun awa
....
tuntiviisari

hannun mintuna
....
minuuttiviisari

hannun dakika
....
sekuntiviisari

Karfe nawa yanzu?
....
Paljonko kello on?

rana
....
päivä

lokaci
....
aika

yanzu
....
nyt

agogon dijita
....
digitaalikello

minti
....
minuutti

awa
....
tunti

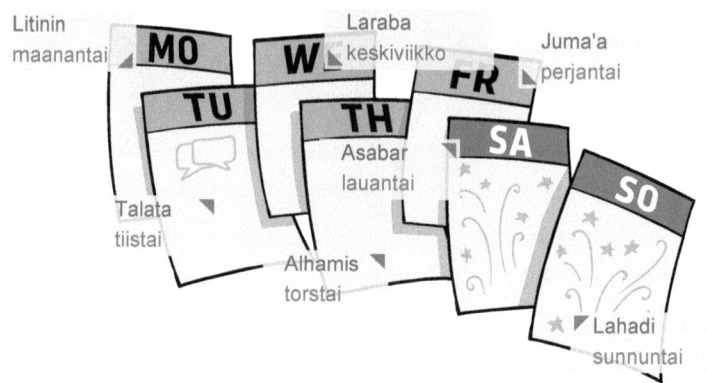

Litinin
maanantai

Laraba
keskiviikko

Juma'a
perjantai

Talata
tiistai

Asabar
lauantai

Alhamis
torstai

Lahadi
sunnuntai

jiya

eilen

yau

tänään

gobe

huomenna

safiya

aamu

tsakar rana

keskipäivä

yamma

ilta

ranakun kasuwanci

työpäivät

karshen mako

viikonloppu

shekara
vuosi

ruwan sama
sade
bakan-gizo
sateenkaari
dusar kankara
lumi
iska
tuuli
damina
kevät
Kaka
syksy
bazara
kesä
lokacin sanyi
talvi

4.APRIL 11°
5.APRIL 4°
6.APRIL 13°
7.APRIL 8°
8.APRIL 10°

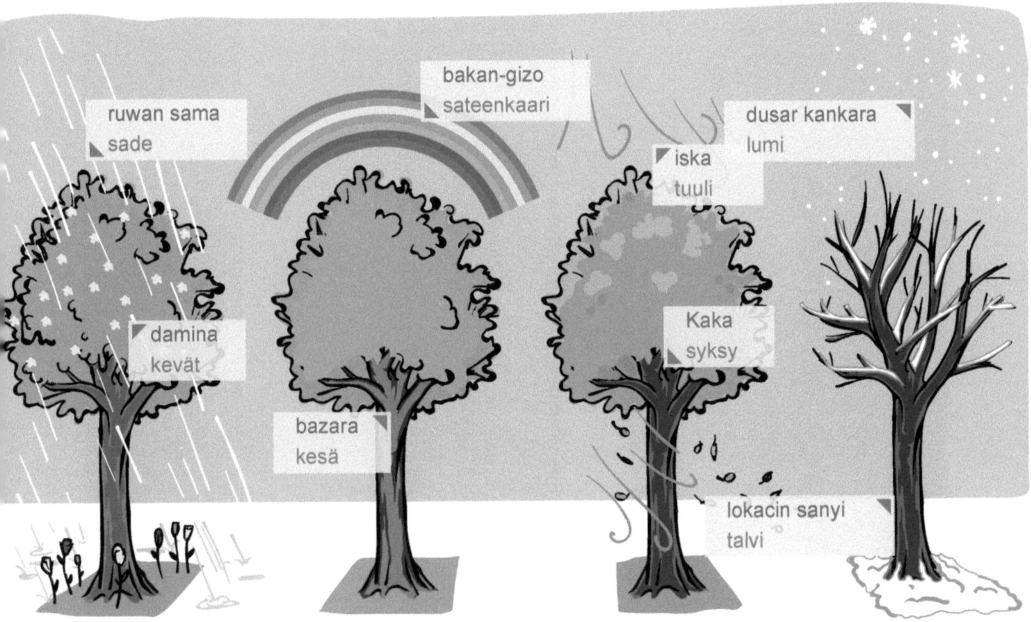

hasashen yanayi
....
sääennuste

F C
120 40
90 30
60 20
30 10
0 0
-30 -10
-20

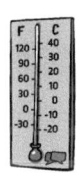

na'urar gwajin zafi da sanyi
....
lämpömittari

hasken rana
....
auringonpaiste

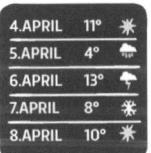

gajimare
....
pilvi

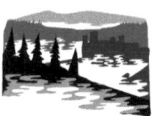

hazo
....
sumu

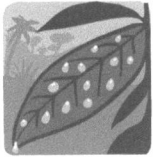

dumi
....
ilmankosteus

walkiya

salama

aradu

ukkonen

guguwa

myrsky

kankarar ruwan sama

rae

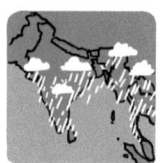

iskar bazara

monsuuni

ambaliyar ruwa

tulva

kankara

jää

Janairu

tammikuu

Fabarairu

helmikuu

Maris

maaliskuu

Afirilu

huhtikuu

Mayu

toukokuu

Yuni

kesäkuu

Yuli

heinäkuu

Agusta

elokuu

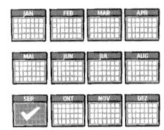

Satumba
....
syyskuu

Oktoba
....
lokakuu

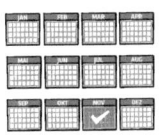

Nuwamba
....
marraskuu

Disamba
....
joulukuu

da'ira
....
ympyrä

murabba'i
....
neliö

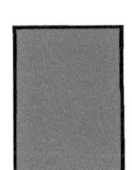

kusurwa hudu
....
suorakulmio

kusurwa uku
....
kolmio

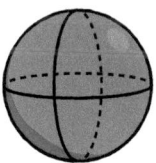

mulmulalle
....
pallo

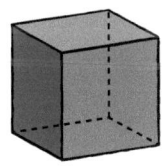

dunkule
....
kuutio

fari
....
valkoinen

rawaya
....
keltainen

ruwan lemo
....
oranssi

ruwan shanshanbali
....
vaaleanpunainen

ja
....
punainen

garura
....
violetti

shudi
....
sininen

kore
....
vihreä

ruwan kasa
....
ruskea

ruwan toka
....
harmaa

baki
....
musta

da yawa / kadan

paljon / vähän

fushi / nutsuwa

vihainen / ystävällinen

kyakkyawa / mummuna

kaunis / ruma

farko / karshe

alku / loppu

babba / karami

suuri / pieni

mai haske / mai duhu

vaalea / tumma

dan uwa / 'yar uwa

veli / sisko

mai tsafta / kazami

puhdas / likainen

cikakke / maras cika

täydellinen / epätäydellinen

rana / dare

päivä / yö

matacce / mai rai

kuollut / elävä

mai fadi / matsattse

leveä / kapea

na ci / ba na ci ba

syötävä / syömäkelvoton

mugu / mai tausayi

paha / kiltti

mai karsashi / gajiyayye

innostunut / tylsistynyt

kakkaura / siriri

lihava / laiha

na farko / na karshe

ensimmäinen / viimeinen

aboki / makiyi

ystävä / vihollinen

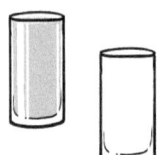

cikakke / holoko

täysi / tyhjä

mai tauri / mai laushi

kova / pehmeä

mai nauyi / marar nauyi

painava / kevyt

yunwa / kishin ruwa

nälkä / jano

cuta / lafiya

sairas / terve

haramtacce / halastacce

laiton / laillinen

mai basira / dakiki

älykäs / tyhmä

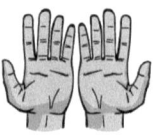

hagu / dama

vasen / oikea

kusa / nesa

lähellä / kaukana

sabo / na-hannu

uusi / käytetty

ba komai / wani abu

ei mitään / jotain

tsoho / yaro

vanha / nuori

kunna / kashe

päällä / pois päältä

a bude / a rufe

auki / kiinni

shiru / kara

hiljainen / äänekäs

mai arziki / talaka

rikas / köyhä

daidai / bata

oikein / väärin

mai kaushi / mai santsi

karhea / sileä

bakin ciki / farin ciki

surullinen / iloinen

gajere / dogo

lyhyt / pitkä

a sannu / da sauri

hidas / nopea

jikakke / busasshe

märkä / kuiva

dumi / sanyi

lämmin / viileä

yaki / zaman lafiya

sota / rauha

0	**1**	**2**
sifili	daya	biyu
nolla	yksi	kaksi

3	**4**	**5**
uku	hudu	biyar
kolme	neljä	viisi

6	**7**	**8**
shida	bakwai	takwas
kuusi	seitsemän	kahdeksan

9	**10**	**11**
tara	goma	goma sha daya
yhdeksän	kymmenen	yksitoista

12

goma sha biyu

kaksitoista

13

goma sha uku

kolmetoista

14

goma sha hudu

neljätoista

15

goma sha biyar

viisitoista

16

goma sha shida

kuusitoista

17

goma sha bakwai

seitsemäntoista

18

goma sha takwas

kahdeksantoista

19

goma sha tara

yhdeksäntoista

20

ashirin

kaksikymmentä

100

dari

sata

1.000

dubu

tuhat

1.000.000

miliyan

miljoona

Turanci

englanti

Turancin Amurka

amerikanenglanti

Mandarin na China

mandariinikiina

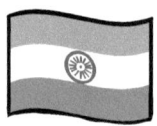

Hindi

hindi

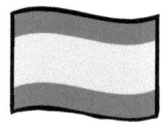

Sifaniyanci

espanja

Faransanci

ranska

Larabci

arabia

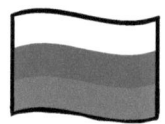

Yaren Rasha

venäjä

Yaren Portugal

portugali

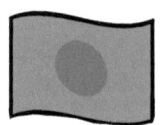

Bengali

bengali

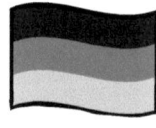

Yaren Jamus

saksa

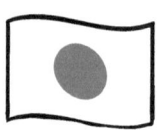

Yaren Japan

japani

ni
....
minä

kai
....
sinä

shi / ita / ita
....
hän

mu
....
me

ku
....
te

su
....
he

wa?
....
kuka?

me?
....
mitä / mikä?

ya ya?
....
miten?

a ina?
....
missä?

yaushe?
....
milloin?

suna
....
nimi

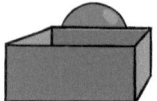

a baya

takana

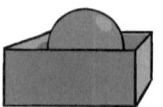

a ciki

sisällä

a gaban

edessä

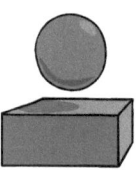

saman

yläpuolella

akai

päällä

karkashi

alapuolella

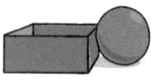

a gefe

vieressä

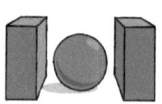

a tsakani

välissä

wuri

paikka